LIBROS RAYO

¿Sabes algo sobre anfibios?

Buffy Silverman

ediciones Lerner • Minneapolis

Recordando a Ben

La edición en español fue realizada por un equipo de traductores nativos de español de transperfect.com, empresa mundial dedicada a la traducción.

ediciones Lerner
Una división de Lerner Publishing Group
241 First Avenue North
Minneapolis, MN 55401 EUA

Dirección de Internet: www.lernerbooks.com

Library of Congress Cataloging-in-Publication Data

Silverman, Buffy.
    [Do you know about amphibians? Spanish]
    ¿Sabes algo sobre anfibios? / por Buffy Silverman.
        p.   cm. — (Libros rayo — conoce los grupos de animals)
    Includes index.
    ISBN 978-0-7613-9333-7 (lib. bdg. : alk. paper)
    1. Amphibians—Juvenile literature. I. Title.
    QL644.2.S5518 2013
    597.8—dc23   2011050733

Fabricado en los Estados Unidos de América
1 — CG — 7/15/12

Contenido

¿Qué es un anfibio?

Los renacuajos nadan en un estanque. Mueven sus colas de lado a lado.

Los renacuajos tienen largas colas para nadar.

Los renacuajos cambian a medida que crecen.

¿En qué se convierten?

A los renacuajos les crecen patas.

¡Ranas! Salen del agua y saltan por la tierra. Las ranas son anfibios. Los sapos y las salamandras también son anfibios.

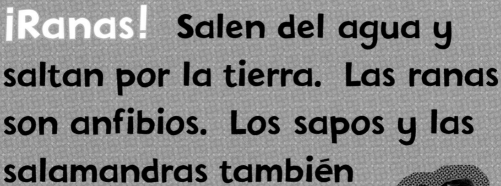

Las largas patas traseras de las ranas las ayudan a saltar hacia la tierra y a nadar en el agua.

La mayoría de los anfibios jóvenes comienza sus vidas en el agua. La mayoría de los adultos vive en la tierra.

Todos los anfibios tienen columna vertebral. Puedes ver la columna vertebral de esta rana bajo su suave piel.

Los anfibios no pueden producir su propio calor corporal. Sus cuerpos se enfrían cuando el aire está frío. Se calientan cuando el aire es cálido. Son ectotérmicos.

Dos ranas se calientan en un leño soleado.

Muchos anfibios viven en lugares donde siempre hace calor. Este sapo de espuelas vive en el desierto caluroso. Se mantiene fresco enterrándose bajo tierra.

Los anfibios ponen huevos

Las salamandras moteadas se arrastran en un bosque en una noche lluviosa de primavera.

Algunas salamandras moteadas tienen manchas amarillas.

Encuentran un estanque. Allí ponen un grupo de huevos. Los huevos no tienen cáscara. Están cubiertos de una gelatina.

La salamandra moteada descansa cerca de sus huevos.

11

Los sapos también ponen huevos. Los ponen en forma de cuerdas largas. Dentro de cada huevo, crece un renacuajo.

Estos son huevos de sapo. Un sapo puede poner miles de huevos de una vez.

Pronto, los renacuajos salen de los huevos. Los renacuajos comen pequeñas plantas acuáticas.

Los grupos de renacuajos permanecen juntos y comen.

Este pájaro atrapó un renacuajo.

Los renacuajos nadan juntos para estar seguros. Los peces, las aves, las serpientes, las tortugas y los insectos comen renacuajos.

Las ranas venenosas macho
protegen sus huevos. Los
pequeños renacuajos salen
de los huevos. Se desplazan
hacia la espalda de su papá.
Él los lleva al
agua.

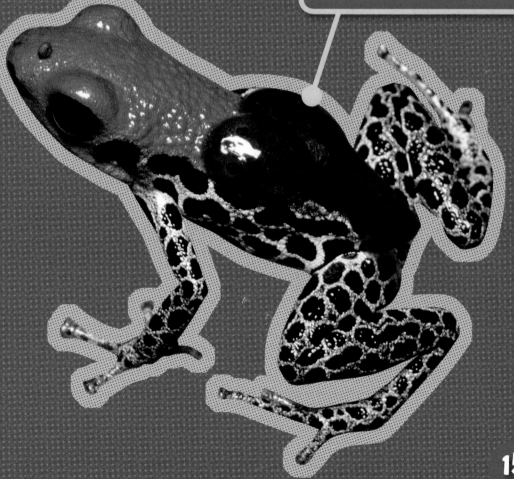

Una rana venenosa
macho lleva dos
renacuajos al agua.

Esta rana toro
tiene patas
largas.

Los anfibios crecen y cambian

La forma del cuerpo del anfibio cambia a medida que crece. El pequeño renacuajo sale del huevo y crece rápidamente. Primero crecen sus patas traseras. Luego aparecen pequeñas patas delanteras. La cola desaparece. Este cambio se denomina metamorfosis.

El renacuajo cambia de otras formas también. Pronto comerá insectos en lugar de plantas acuáticas. Le crece una larga y pegajosa lengua para cazar moscas.

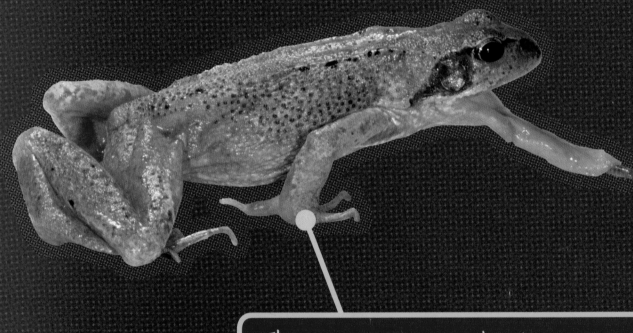

El renacuajo crece hasta convertirse en rana. Usa su lengua para cazar insectos.

Al renacuajo le crecen tímpanos.
¿Qué escuchará? ¡Canciones
de ranas! Las ranas macho
llaman a las hembras en la
primavera.

¿Puedes ver el
tímpano de esta rana?

Los anfibios jóvenes respiran bajo
el agua con agallas como los
peces. Esta joven salamandra
moteada tiene agallas plumosas.

Pronto, las patas de la salamandra crecen aún más. La aleta de su cola se encoge. Sus agallas desaparecen. Le crecen pulmones. Luego respira aire con sus pulmones.

Esta salamandra moteada adulta tenía agallas. Ahora tiene pulmones y respira aire.

La salamandra tigre también respira a través de su piel húmeda. Cava pozos bajo la tierra. La tierra mojada mantiene su piel húmeda.

Algunos anfibios viven siempre bajo el agua. Las salamandras acuáticas adultas nadan en lagos y arroyos. Mantienen sus tupidas agallas.

Una salamandra acuática adulta caza un cangrejo de río bajo el agua.

Los anfibios se mantienen seguros

Algunos anfibios se mantienen seguros escondiéndose bajo la tierra. Las salamandras marmóreas gatean bajo las ramas. Se esconden allí de sus enemigos.

Algunos anfibios se mezclan.
El camuflaje los ayuda a
mantenerse seguros.

¿Puedes ver la rana
arbórea gris?

25

El color brillante de una rana venenosa dorada alerta a los cazadores para que se mantengan alejados. El veneno de la rana hace que los animales se enfermen.

¡Mantente alejado de esta rana venenosa dorada!

¿Cómo hace la rana de la madera para vivir en el frío invierno? Hiberna. El agua dentro de su cuerpo se convierte en hielo. El hielo se derrite en la primavera.

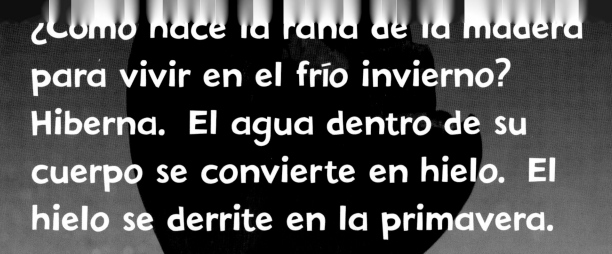

La rana de la madera se esconde en la tierra durante el invierno. Sale de su hibernación en la primavera.

Luego, la rana se aleja brincando.

Datos divertidos

Maravillas sin patas

Los anfibios ápodos no tienen patas. Los ápodos parecen gusanos. Sus pequeños ojos solo pueden ver luz y oscuridad.

Renacuajos de altura

Algunas ranas venenosas llevan a los renacuajos a un árbol alto. La rana padre deja al renacuajo en su propia piscina pequeña en el tronco de un árbol. El renacuajo se queda allí hasta que se convierte en rana.

Salamandras gigantes

¡Las salamandras gigantes japonesas pueden crecer más que tú! Crecen durante toda su vida.

¿Quién es el padre?

Une al anfibio joven con su padre.

Padre	Joven

A

1

B

2

C

3

Verifica las respuestas en la página 31.

29

Glosario

agalla: parte del cuerpo que algunos animales utilizan para respirar bajo el agua

anfibio: animal con piel suave que suele vivir parte de su vida en el agua y parte de su vida en la tierra. Las ranas, los sapos, las salamandras y los ápodos son anfibios.

camuflaje: color que ayuda a un animal a mezclarse con las cosas a su alrededor

ectotérmico: animal cuya temperatura corporal cambia cuando cambia la temperatura de su ambiente

hiberna: pasa tiempo durante el invierno en un estado de adormecimiento. Cuando los animales hibernan, su temperatura corporal es inferior, respiran menos y usan poca energía.

metamorfosis: cambios en la forma de algunos animales a medida que crecen

pulmón: parte del cuerpo que algunos animales usan para respirar

renacuajo: un sapo o una rana joven que ha salido de un huevo

tímpano: parte del oído que vibra ante los sonidos

Más lectura

All about Frogs for
Kids and Teachers
http://www.kiddyhouse.com/Themes/frogs

Amphibians
http://animals.nationalgeographic.com/animals/
amphibians.html

Bishop, Nic. *Nic Bishop Frogs.* New York:
Scholastic, 2008.

Bredeson, Carmen. *Fun Facts about Salamanders.*
Berkeley Heights, NJ: Enslow Publishers, 2008.

Know Your Frogs
http://www.dnr.state.wi.us/org/caer/ce/eek/critter/
amphibian/frogident.htm

Pyers, Greg. *Why Am I an Amphibian?* Chicago:
Raintree, 2006.

Respuestas para la página 29:
A es una rana toro. Es el padre de 3.
B es una salamandra acuática. Es el padre de 1.
C es una salamandra moteada. Es el padre de 2.

índice

Agradecimientos de fotografías

Las imágenes presentes en este libro se reproducen con autorización de: © iStockphoto.com/Kevin Snair, pág. 1; © Corel Professional Photos, pág. 2; © iStockphoto.com/Juli Van Breemen, pág. 4; © Dorling Kindersley/Getty Images, pág. 5; © American Images, Inc./Stone/Getty Images, pág. 6; © BIOS Gunther Michel/Peter Arnold, Inc., pág. 7; © iStockphoto.com/Jozsef Szasz-Fabian, pág. 8; © A. Noellert/Peter Arnold, Inc., pág. 9; © Scott Camazine/Alamy, pág. 10; © Gustov W. Verderber/Visuals Unlimited, Inc., pág. 11; © Gary Meszaros/Visuals Unlimited, Inc., págs. 12, 16, 21, 23, 29 (al centro a la izquierda y al pie a la izquierda); © Hans Pfletschinger/Peter Arnold, Inc., pág. 13; © Steve Maslowski/Visuals Unlimited, Inc., pág. 14; © Michael & Patricia Fogdon/Minden Pictures, pág. 15; © Kim Taylor and Jane Burton/Dorling Kindersley/Getty Images, pág. 18; © Joe McDonald/Visuals Unlimited/Getty Images, pág. 19; © Dwight Kuhn, págs. 20, 25, 29 (al centro a la derecha); © John Parke/Visuals Unlimited, Inc., pág. 22; © Doug Wechsler/naturepl.com, pág. 24; © blickwinkel/Alamy, pág. 26; © Kitchin & Hurst/leesonphoto.com, pág. 27; © Gail Shurnway/Photographers Choice RR/Getty Images, pág. 28; © iStockphoto.com/Audrey Roorda, pág. 29 (parte superior a la izquierda); © R.D. Bartlett, pág. 29 (parte superior a la derecha); © iStockphoto.com/Ron Brancato, pág. 29 (al pie a la derecha); © iStockphoto.com/Bruce MacQueen, pág. 30.

Portada: © Pete Oxford/Minden Pictures (principal); © Kamensky | Dreamstime.com (parte superior a la izquierda); © Corbis/Royalty-free (al centro a la izquierda); © Byron Jorjorian/Alamy (parte superior a la derecha).

Cuerpo principal del texto en Johann Light 30/36.